LE

SOCIALISME

ET

LA RÉPUBLIQUE.

Paris. — Imprimerie de COSSON, 47, rue du Four-St-Germain.

LE
SOCIALISME

ET

LA RÉPUBLIQUE,

Par ALFRED LEDAIN.

PARIS,

CHEZ GARNIER FRÈRES, LIBRAIRES,

Palais-National, péristyle Montpensier.

1849.

AVANT-PROPOS.

Qu'il soit bien entendu, dès le début de cette brochure, qu'en attaquant le socialisme je ne combats que les doctrines exagérées de ces gens qui, sous prétexte de nécessités sociales, portent atteinte à la famille et à la propriété, bases de toute société. Ils veulent édifier un monument durable et commencent par en saper les fondements.

Je n'entends nullement m'élever contre les réformes, aussi larges que possibles, réclamées par le bon sens public et par les besoins d'une époque, ce qui n'est, après tout, que du socialisme, mais un socialisme raisonnable, qui ne porte la main sur un abus que lorsqu'un remède efficace et approuvé unanimement guérit le mal sans secousse dangereuse, de telle sorte qu'en réformant le pouvoir ne fait qu'obéir au sentiment public.

Tant que le socialisme n'a été qu'une théorie purement spéculative, les esprits sérieux ont pu laisser passer avec dédain des doctrines qui ne tendent à rien moins qu'à mettre en question la légitimité des bases sur lesquelles la société actuelle est organisée, comptant, pour repousser ces détestables erreurs, sur la haute raison de l'esprit public.

Mais, aujourd'hui que le socialisme aspire à passer

dans les faits, que ses sectaires prêchent, dans l'Europe entière, une nouvelle religion politique, qui reflète leurs idées désorganisatrices, le silence n'est plus permis. Le socialisme attaque la société, il faut que la société se défende.

J'ai pensé qu'il était du devoir d'un républicain de protester contre les tendances de ces hommes, avides seulement de pouvoir, qui, pour satisfaire leur ambition, ne reculent pas devant l'idée d'anéantir ce qui existe, afin d'y substituer quoi? des utopies sur lesquelles ils ne s'entendent même pas! Hommes orgueilleux, qui prétendez régenter l'humanité, qui êtes-vous? Qu'avez-vous fait qui puisse commander l'admiration de votre siècle? Nouveaux Lycurgues d'une république dite universelle, quelles sont les lois que vous avez élaborées et qui doivent servir à la régénération des peuples? A votre voix, dites-vous, l'humanité doit se lever et marcher!... Insensés! regardez autour de vous!.... Qu'avez-vous produit? des ruines! puis des ruines, et encore des ruines! Hommes de l'avenir, je vous rejette bien loin dans le passé, vos doctrines reproduisent le néant!

Malédiction sur vous! Au 24 février, la République se levait radieuse et pure; la France l'acclamait comme un espoir, l'Europe l'enviait, et, secouant par un effort désespéré ses lourdes chaînes, elle s'écriait : Je suis libre! Mais, ô malheur! le socialisme est apparu armé et jetant dans la société le poids de son épée... Il a fallu combattre; que dis-je, il a fallu vaincre! mais à quel prix?

LE

SOCIALISME ET LA RÉPUBLIQUE.

Première Partie.

CHAPITRE PREMIER.

DU SOCIALISME DEPUIS LE 24 FÉVRIER 1848.

Avant le 24 février, l'opinion publique en France attachait peu d'importance aux doctrines professées par les disciples de Saint-Simon et de Fourier, qui ont donné naissance aux diverses sectes socialistes.

Dans un pays aussi philosophique que le nôtre, où la liberté de penser et d'écrire est portée à un si haut degré, ces doctrines excitaient généralement plus de pitié que d'intérêt.

La plupart des penseurs n'eussent jamais cru que ces idées dussent jouer un rôle si important dans l'avenir. Ils les considéraient comme une de ces aberrations de l'esprit humain, inséparables de ce grand mouvement intellectuel que l'on nomme l'esprit d'un siècle. Et, de même que, dans une récolte, on distrait le bon grain de l'ivraie, de même, disaient-ils, le XIXe siècle saura rejeter les erreurs qui auront été produites, et ne conserver que les idées philosophiques dignes d'être léguées à la postérité.

Et puis une autre cause, la principale, invitait à l'insouciance. Jusqu'alors les communistes et les phalanstériens n'étaient point entrés dans le domaine de la politique [1] ; ils ne

---

[1] On nous objectera, sans doute, *la Démocratie pacifique*, organe de Fourier et de son disciple Considérant, qui poursuit, depuis plusieurs années, sa marche quotidienne ; mais ce journal, soi-disant politique, est si peu *attrayant*, si lourd, si excentrique, que, jusqu'à la révolution de février, à peine était-il connu de nom en dehors de ses adeptes. Il végétait

s'étaient point servi d'une forme gouvernementale qu'ils se sont appropriée depuis comme moyen de propagande dans les masses. — La république sert merveilleusement leurs principes soi-disant égalitaires; aussi se disent-ils républicains; mais notez : républicains d'une essence différente de celle des républicains connus jusqu'ici , par la raison toute simple que le socialisme était inconnu à nos pères : d'où résulte chez eux cette prétention, au moins hasardée, d'être plus républicains que les républicains eux-mêmes.

Nos pères s'appelaient simplement républicains, il était donné aux adeptes de Saint-Simon et de Fourier d'enrichir le dictionnaire politique d'un nouveau mot : celui de *républicain socialiste*.

Il ressort de l'étude impartiale des faits que le socialisme n'est devenu un danger que depuis qu'il s'est mêlé à nos luttes politiques. Quelle plus belle occasion pour lui que la révolution de février ! Inconnu la veille, l'audace de quelques-uns de ses chefs les porte au pouvoir simultanément avec les hommes désignés jusqu'alors comme républicains; et , spectacle étrange ! dans le chaos qui suit presque toujours une révolution, la société se trouve livrée à la merci de ses plus mortels ennemis !

Étourdis par l'ivresse d'un triomphe inespéré, appuyés, d'ailleurs, par une population qu'ils avaient enivrée des plus folles espérances, leur confiance aveugle dans le succès de leurs projets leur fit commettre une faute immense qui les perdit et sauva le pays. Arrivés au pouvoir, ils se séparèrent avec éclat de leurs collègues les républicains, et se donnèrent le titre de républicains socialistes, afin de n'avoir rien de commun avec le passé qui les forçait de respecter les bases de la société. Chefs d'une nouvelle école humanitaire, le vaste

alors et végète maintenant encore, obscur, inconnu, et, ni avant ni après cette époque, il n'a pu parvenir à faire ses frais. Une rente spontanée, volontaire et fort incertaine de quelques phalanstériens zélés , le soutient à grand'peine, et il semble près d'exhaler son dernier soupir à chaque renouvellement.

champ de l'avenir leur est ouvert. Que leur importe les enseignements de l'histoire ! Pour eux, la politique n'est pas un but, c'est un moyen ; et voilà ce qui explique les tiraillements qui ont tant déchiré le gouvernement provisoire. Ceux de ses membres qui prenaient la république au sérieux et y voyaient autre chose qu'une initiation au socialisme avaient à lutter sans cesse contre les tendances anti-gouvernementales d'hommes ne craignant pas d'entretenir, parmi les classes ouvières, une agitation qu'ils espéraient faire servir à leurs desseins.

En examinant ce qui s'est passé en France depuis l'avènement de la république, nous voyons une lutte opiniâtre s'établir entre les républicains et les socialistes.

Dès que les opinions ont pu se classer, on a nécessairement dû demander à chaque nuance de chaque parti : vous arborez, vous, tel drapeau, vous, tel autre ? Néanmoins, comme il ne suffit pas de se proclamer d'une couleur pour que l'on soit cru sur parole, chaque parti a tracé les principes qui le constituaient, afin qu'on pût reconnaître l'école à laquelle on se rattachait. Le socialisme étant une doctrine nouvelle, ses adhérents ont dû faire connaître au public ce qu'est le socialisme. Les socialistes, se trouvant au pouvoir, ont dû forcément donner leur programme politique et expliquer la cause de leur séparation, un peu brusque, un peu dédaigneuse, du parti républicain, auquel la France a bien voulu, mais à lui seul, livrer ses destineés politiques. En effet, il ne viendra à l'idée d'aucun homme sensé que la France ait voulu essayer en février les utopies phalanstériennes de Fourier. Ceci établi, elle pouvait encore moins penser aux autres branches du socialisme, qui végétaient sous terre et dont l'éclosion subite est le produit monstrueux de la révolution. Aussi, grande fut la surprise lorsqu'on apprit que le gouvernement provisoire se composait de républicains qui se répudiaient comme tels, et, le mot de socialistes ayant été prononcé par les uns, on désira savoir ce que signifiait cette doctrine qui s'élevait comme une menace et dont on ne comprenait pas encore les théories.

La presse se chargea de cette triste mission. Les socialistes se dévoilèrent entièrement. Sophistes impitoyables, ils poussèrent leurs arguments jusqu'à leur dernière limite. Pour eux, la société n'était qu'un agonisant auquel ils refusaient la satisfaction de mourir en paix, par la raison qu'il avait terminé sa carrière. Ils étaient pressés de réaliser leurs conceptions bizarres ; tout retard, tout obstacle, ne faisait qu'irriter leur impatience. Ils remplissaient les feuilles soldées par eux de diatribes contre les hommes honorables qui s'opposaient à leurs coupables projets ; et l'histoire impartiale dira : que, sans les quelques patriotes courageux que la Providence amena aux affaires de la France, comme une sauvegarde pour la civilisation, le socialisme eût bouleversé notre pays, qui ne se serait peut-être jamais relevé des secousses qui en eussent été la suite !

La France, effrayée de ces doctrines qui se traduisaient en luttes sanglantes, alla jusqu'à douter un moment de la république. Remontant par la pensée aux plus mauvais jours de la Terreur, et rapprochant mal à propos, sans doute, les idées socialistes de celles qui avaient été émises à une autre époque, elle eut peur. Elle confondit dans une même haine républicains et socialistes, sans réfléchir que les socialistes considèrent les républicains comme leurs ennemis les plus dangereux, parce qu'ils savent bien qu'avec une république sage leurs doctrines tombent d'elles-mêmes et ne peuvent plus faire de dupes.

Quand on considère ce que les apôtres du socialisme entendent par ce mot, on vient à se demander comment des hommes raisonnables et de bonne foi ont pu se faire l'écho d'aussi dangereuses absurdités ?

En France, malheureusement, il ne faut s'étonner de rien. Dans un pays où l'engouement des choses nouvelles est porté jusqu'à l'idolâtrie, il suffira, remontant des frivolités aux choses sérieuses, qu'un système, quel qu'il soit, étonne par son audace et son excentricité, pour qu'une foule irréfléchie l'adopte avec passion.

L'observateur attentif, appelé à juger les erreurs d'un peuple renommé par son esprit et par son jugement exquis, ne sait que penser de ces courants fiévreux qui égarent, de temps à autre, une partie de la population. Singulier peuple, qui s'enthousiasme pour un mot aussi facilement qu'il s'enthousiasmait jadis pour un principe !

Le socialisme, tel que nous l'entendons, étant une création nouvelle, nous pensons qu'il convient d'examiner de près ce que renferme cette outre chargée de tempêtes, ce qu'est enfin cet ange exterminateur qui apparaît aux sociétés modernes comme chargé de punir leurs iniquités passées.

Le socialisme est un monstre, je le reconnais; est-il aussi dangereux qu'il paraît l'être ? je l'admets encore, le mal étant toujours au pouvoir de celui qui a l'intention bien arrêtée de le faire. Seulement, je ne crois pas que ses foudres vengeresses nous atteignent, si la nation sait se masser, se grouper, s'entendre et se tenir surtout en garde contre les conseils perfides d'un parti qui cherche à bénéficier de la terreur qu'il inspire ; car le socialisme est un mot mal défini, et, comme tel, dépassant le but, il est sans objet. En effet, le socialisme se pose en système, à l'exclusion de tout autre destiné à régénérer l'humanité ; c'est le mineur aventureux qui procède par la sape et la traînée de poudre. C'est donc un système de la pire espèce, un empirique. Pour opérer des réformes, il est nécessaire de s'appuyer sur des faits préexistants. Le socialisme ne tenant aucun compte de ce qui a été produit avant lui, tombe dans l'absurde. On ne peut raisonnablement appeler régénération ce qui ne serait qu'un bouleversement. Si vous voulez transformer une société, il faut une société. Quand vous aurez le chaos, que transformerez-vous ?

Je le répète, le socialisme est un système, et les systèmes ont été jugés depuis longtemps. Une société qui vit et qui marche ne se laisse pas tuer sans mot dire, lors même qu'il lui est prouvé que c'est par amour pour elle. Ce serait un sacrifice au-dessus de ses forces.

Depuis que le monde existe, que seraient devenus les pauvres habitants du globe s'ils avaient pris au sérieux les rêveries de chaque nouveau philosophe dont la recette toujours infaillible devait guérir l'humanité des plaies inhérentes aux inégalités sociales? Quoiqu'on fasse, l'inégalité sociale ne sera jamais comblée, parce qu'elle dérive de l'inégalité physique qui est une loi naturelle.

S'ensuit-il qu'il n'y ait point de douleurs à soulager, d'améliorations à apporter dans l'organisation de notre société? Nullement.

De siècle en siècle, l'humanité n'a-t-elle pas progressé? ne progressera-t-elle pas encore? Les décrets de la Providence sont infinis. Il n'est donné à personne de mesurer jusqu'où s'arrêteront les réformes tendant au bien-être de l'espèce humaine. L'inégalité sociale existe et existera toujours, ai-je dit; mais les distances seront de moins en moins sensibles. Ce travail n'est pas l'œuvre d'un jour, d'une année, il est l'œuvre des siècles. On avance à pas lents, on avance cependant.

Jetons un regard en arrière...

La société romaine du temps d'Auguste ressemble-t-elle à la société barbare des fondateurs de Rome? notre société ressemble-t-elle à celle du moyen âge, qui offre deux caractères si distincts : le seigneur et le serf? Notre époque ne l'emporte-t-elle pas sur ces dernières? Eh bien, que nous veulent ces prétendus réformateurs qui, sous le prétexte de hâter ce qui veut être mûri, ont l'audace criminelle de porter une main sacrilége sur les bases d'une société, qui est l'héritage précieux du développement intellectuel de plusieurs générations? Cette profanation ferait tressaillir nos pères dans leurs tombeaux.

Le but de toutes les sectes socialistes, sans distinction, est le renversement de ce qui existe. Si un accord touchant règne entre elles dans l'exécution de ce principe peu rassurant, il n'en est plus de même, quant à l'édification du chef-d'œuvre social qui doit, suivant ces messieurs, succéder à l'ordre de choses actuel. Et, sur ce point, leur amour-propre de législateur ne souffre pas de contradiction. Mettre en doute l'efficacité des innombrables systèmes qu'ils présentent au public, et qui, par leur divergence, peut bien donner à réfléchir, c'est, à leurs yeux, un crime irrémissible. Chaque chef de secte défend son œuvre avec l'opiniâtreté d'un homme qui aspire à l'honneur insigne d'être le grand-prêtre de la religion nouvelle. Aussi, sans pitié pour leurs coreligionnaires appartenant à une autre secte, ils les traitent de visionnaires, et les vouent au mépris des populations que ces derniers ont le désir de convertir. Même tactique de la part de ceux-ci, en ce qui concerne les premiers; et véritablement, à ce spectacle, qui aurait son côté comique s'il ne faisait pitié, que penser de l'outrecuidance de ces disputeurs qui visent à réformer l'humanité, lorsqu'ils ne sont même pas d'accord sur leurs réformes merveilleuses?

La meilleure réfutation à leur opposer ce sont leurs propres paroles, et l'on peut dire de leurs discussions intestines ce que disait un publiciste qui en faisait le récit : « Que si M. Proudhon n'avait pas tort, M. Considérant pouvait bien avoir raison. »

Le socialisme est non-seulement la négation de ce qui est, quant aux choses matérielles, il attaque encore les croyances, qui sont la sauvegarde de l'homme contre ses passions. Chez quelques socialistes, vous remarquez un matérialisme érigé en système, dans sa plus grande extension, au physique et au moral. A ce sujet, je vais indiquer sommairement les doctrines des principaux chefs du socialisme. Comme ils diffèrent considérablement entre eux, il sera facile de juger la valeur des doctrines qui se prêtent à des nuances si diverses.

CHAPITRE II.

DU SAINT-SIMONISME.

Les saint-simoniens s'étant retirés de la scène politique, je traiterai leur doctrine en peu de mots, car je ne prétends pas combattre ce qui n'est plus, mais ce qui est.

Saint-Simon, à mon avis, est le précurseur du socialisme. En effet, le communisme a emprunté aux saints-simoniens la communauté et la destruction de la propriété. On peut donc considérer le communisme comme une transformation du saint-simonisme.

Les saints-simoniens sont les grands-prêtres d'un épicurisme frisant le matérialisme, et leur école se résume en une pensée, *l'éloquence de la chair*.

CHAPITRE III.

DES PHALANSTÉRIENS.

Comme toutes les sectes socialistes, celle des phalanstériens a pour point de départ la désorganisation complète de la société. Elle offre à ses adeptes dans l'avenir un modèle d'organisation qu'elle revêt du titre ambitieux de phalanstère, association combinée et harmonieuse d'êtres humains, qui passent leurs jours dans la félicité, n'ayant pour mobile que l'attraction passionnée que la nature doit leur avoir inspirée pour une spécialité quelconque. En d'autres termes, l'espèce humaine est livrée sans contrôle à ses passions.

Un phalanstère se subdivise lui-même en groupes, séries et phalanges. Le groupe est le noyau de l'association qui doit toujours être volontaire ; plusieurs groupes forment une série, et plusieurs séries, une phalange ou phalanstère ; d'où il suit que la propriété, dans un phalanstère, n'est pas détruite, « mais mise en commun, soit dans un groupe, soit dans une série. » La société serait donc composée, d'après ce système, d'une infinité de phalanstères mettant en pratique un sensualisme assez cynique ; car l'attrait, seul guide dans ce système, est capable d'entraîner à des actions assez compromettantes pour la bonne harmonie du phalanstère. En effet, l'attrait peut se porter sur des actions blâmables aussi bien que sur des actions louables, la nature humaine étant assez sujette à caution.

Par cette singulière théorie, Fourier arrive, non pas à la communauté des femmes, mais à une sorte d'union appelée mariage progressif, où la femme se compose un harem, avec cette distinction très judicieuse que ses chevaliers sont tenus de mériter leurs grades amoureux.

Voici quelques articles du code de Fourier sur l'union entre les sexes. Ils n'ont pas besoin de commentaires.

« Une femme peut avoir à la fois :

» 1° Un époux dont elle a deux enfants ;

» 2° Un géniteur dont elle n'a qu'un enfant ;

» 3° Un favori qui a vécu avec elle et conserve le titre ;

« Plus, de simples possesseurs qui ne sont rien. »

La morale des phalanstériens n'est pas gênante, Dieu merci ! et, si on n'accepte pas leur doctrine, ce n'est pas faute d'attraits certainement.

Une réflexion me vient, quant à l'attrait du mariage progressif : Fourier en établissant cet article important, qui nous dispense de tout souci du ménage et des soins de la paternité, ne s'est pas, sans doute, souvenu de l'ancien épisode de la ruine de Troie ; sans quoi, il aurait réfléchi avant de doter le phalanstère de cette pomme de discorde. Comment ! si l'attrait de plusieurs phalanstériens se porte sur une même phalanstérienne, quel sera le Pâris, qui jugera le débat ? Si la belle Hélène a perdu Troie, je puis redouter pour le phalanstère une semblable catastrophe, à moins que les phalanstériens ne soient tous des hommes irréprochables, incapables de se laisser souiller par le contact des passions qui font de ce monde-ci, je le sais, un sujet de scandale pour les socialistes phalanstériens.

Destruction de la propriété individuelle, destruction de la famille, quel sort enviable ! Et dire que nous ne nous empressons pas de peupler les phalanstères de M. Considérant.

Les civilisés sont bien ingrats ; ils refusent le paradis sur terre.

Ramener l'homme à ses instincts naturels, dégager ses passions de tout frein, voilà ce qui nous est offert avec une générosité digne d'un meilleur sort.

Il y a des philosophes qui impriment à l'humanité un essor vigoureux vers l'avenir. Quant à présent, je n'ai point encore compris comment, en nous appliquant l'harmonie universelle, M. Considérant ferait progresser la société. Il ne faut pas s'en étonner, après tout, les civilisés ont le jugement tellement faussé qu'il n'est donné qu'aux natures phalanstériennes, dégagées de cette enveloppe factice d'une civilisation trop avancée, de pouvoir planer librement sur les hauteurs de la pensée.

Assez de phalanstérianisme comme cela !

Il n'est pas nécessaire de discuter son mérite pour l'apprécier ce qu'il vaut. Indiquer les idées fondamentales de ce système, n'est-ce pas provoquer le mépris de toute personne sensée pour des rêveries qui renchérissent d'extravagance les unes sur les autres ?

Reconstituer la propriété, d'après l'association, s'explique par la raison spécieuse que l'association est une bonne chose en soi ; mais nier le saint caractère de la famille, voilà ce qui dépasse les bornes de l'impudence.

Malheureux ! vous n'avez donc jamais goûté ses douceurs, pour vous montrer si acharnés contre elle.

Si votre sang n'a jamais coulé dans les veines d'un être qui est la chair de votre chair, pour vous punir de votre incrédulité en ces joies intimes, qui sont notre seul lot de bonheur sur cette terre, où l'existence de l'homme n'est qu'un éternel combat, qu'il vous suffise d'être témoin de la perte essuyée par votre frère d'un de ses enfants, pour vous convaincre de la réalité de ce mot : la famille !

CHAPITRE IV.

DU COMMUNISME ICARIEN.

M. Cabet est le chef de cette école. Il diffère de Fourier en ce que celui-ci fait appel aux sens, tandis que lui fait appel à l'esprit.

Le phalanstérianisme est la philosophie épicurienne du socialisme, le communisme icarien en est la philosophie stoïcienne. M. Cabet, spiritualisant le socialisme, l'explique par la vertu qui peut, selon lui, devenir le seul mobile des actions de l'homme. Suivant ce philosophe, d'accord avec Fourier, la société actuelle corrompt la nature de l'homme, au lieu de l'améliorer; sa guérison lui paraissant impossible, il conclut qu'il est indispensable qu'elle soit rajeunie par un cataclysme qui la bouleverse de bas en haut. D'après une de ses comparaisons, lorsqu'un membre est gangréné, on le coupe; ce membre gangréné, dont il parle, c'est la classe privilégiée qui, selon lui, s'est emparé, au mépris des lois divines, dès les temps les plus reculés, du pouvoir, et s'est approprié le sol. Sortie du peuple, il la fait rentrer dans le peuple, qui ne forme plus qu'une grande communauté dont les membres, par amour de la vertu et de la fraternité, se soutiennent mutuellement.

Les disciples de Fourier pratiquent la religion du plaisir, ceux de Cabet ont une pensée plus noble, ils pratiquent la religion du devoir.

La communauté est la base du système de Cabet; néanmoins, plus moral que Fourier, il ne touche pas au mariage; la famille est, au contraire, pour lui, le type sur lequel il moule la société. Le communisme icarien exagère ce sentiment jusqu'à l'absurde, et considère le *moi*, ce grand mobile des actions humaines, qui rapporte tout à l'intérêt individuel, réparti ensuite sur les personnes qui nous sont chères, comme une des conséquences funestes de la civilisation.

L'égoïsme est un défaut affreux; malheureusement, je dirai que, si l'on interroge soigneusement la conscience de l'homme, il ressortira de cet examen que ce vice, que l'on cache soigneusement et que l'on ne veut pas s'avouer, entre pour beaucoup dans notre conduite. La nature de l'homme se compose de bonnes et de mauvaises qualités. Il en est qui diffèrent suivant les individus, mais je n'ai pas peur d'être démenti en disant que l'égoïsme est un des vices inhérents à notre essence, et que vouloir que l'homme s'intéresse de la même manière aux membres d'une communauté quelconque, c'est ne pas connaître la nature humaine; c'est s'écarter des lois que Dieu a gravées dans le cœur de tous les hommes indistinctement.

D'après le système de Cabet, l'individu n'existe pas, l'État se charge des intérêts multiples de la communauté. Dans une communauté icarienne, chaque habitant reçoit, aux frais de l'État, la même éducation, la même nourriture, le même logement, etc., etc. Tout se fait en commun aux mêmes heures. Le libre arbitre n'existe plus, et l'État devient le seul grand pourvoyeur des nécessités de la vie. Le plaisir même est règlementé. L'État juge de l'organisation à donner au corps social, ne consulte pas l'individu sur ses goûts, il le classe suivant les besoins de la communauté, et non suivant son aptitude, puisque une éducation semblable est donnée à ses membres, et que les travaux manuels les plus simples, et cependant les plus nécessaires, n'exigent pas une aptitude particulière dans ceux qui les pratiquent. Avec cette religion du devoir, un communiste icarien accepte avec plaisir tout travail, quelque pénible qu'il soit, trop heureux d'être utile à ses frères, même dans une besogne ingrate.

Suivant Cabet, les passions et, par suite, les crimes ne sont pas connus dans sa communauté. La vertu doit purifier les âmes, et la pratique en est si naturelle, qu'elle ne coûtera rien même aux natures les plus perverses; celles-ci, qui se manifestent si dangereuses dans notre société, ne s'écarteront jamais dans la sienne de la règle commune.

La vertu est naturelle à l'homme, dit Cabet; mais, si elle est si facile, comment se fait-il que, jusqu'à présent, on y ait attaché tant de prix et que les philosophes de tous les temps et de tous les pays l'aient définie comme la qualité la plus rare de l'humanité, en ce qu'elle recèle l'essence du bien, sans aucun alliage impur avec le mal?

Jusqu'ici l'imperfection passait pour un des attributs de notre pauvre nature. M. Cabet a découvert le contraire; bien plus, il prétend que tous les hommes sont vertueux, et qu'il suffit d'une direction sage pour le devenir. Entre l'enseignement du passé et les assertions de M. Cabet, n'en déplaise aux socialistes icariens, il m'est permis de douter de l'exactitude de cette pensée philosophique qui, je l'avoue, a un mérite incontestable, celui de vouloir améliorer nos instincts. Vouloir est louable, très louable, sans doute; mais pouvoir l'est encore plus. Et, jusqu'à l'établissement de sociétés éminemment vertueuses, je suivrai le conseil du sage qui nous dit : « Dans le doute abstiens-toi ! »

M. Cabet a un grand défaut : c'est de prendre pour la réalité ce qui n'est que le fruit de son imagination, que la création d'une société idéale, où les plus beaux sentiments sont offerts à chacun comme règle invariable de conduite. L'Icarie, cette rêverie empreinte d'une naïveté toute arcadienne, en est la preuve. Dans ce livre où l'auteur se dévoile entièrement, on se croirait à l'âge d'or, tant par les peintures ravissantes de la vie icarienne, que par la morale évangélique pratiquée par cette société modèle. Ces principes font l'éloge du cœur de M. Cabet ; mais ils n'annoncent pas un jugement éclairé. Il est permis en littérature de faire de la pastorale ; en politique, c'est différent. On ne juge pas ce qui devrait être, on juge ce qui est.

M. Cabet, dans ses théories, m'a toujours paru quitter la proie pour l'ombre, de là le vide de ses idées.

En lisant le voyage en Icarie, la foi du croyant se fait sentir à chaque page. Un homme convaincu a pu seul mettre autant de chaleur et de suite dans ce naïf récit, qui n'est, après tout, qu'un roman du commencement à la fin. Les esprit impressionnables, qui s'éprennent du merveilleux, se laisseront peut-être éblouir par l'éclat de ces tableaux dont le coloris est, en effet, des plus brillants ; quant aux esprits sévères et logiques, qui ne veulent pas qu'on s'écarte des règles de la raison, ils repousseront les théories icariennes comme des chimères d'autant plus dangereuses qu'elles sont plus innocentes.

On l'a dit avant M. Cabet ; mais M. Cabet n'a pas l'air d'en tenir compte :

Le vrai, pour être cru, doit être vraisemblable.

Cette réflexion suffit pour battre en brèche ses plus belles pages mieux que ne le feraient les raisonnements les plus solides.

Je terminerai par le parallèle de Fourier et de Cabet ; il se réduit à un seul mot : si le phalanstérianisme n'est pas assez

2

moral, le communisme icarien l'est beaucoup trop ; l'exagération seule de ce dernier le rend impossible.

CHAPITRE V.

DU SYSTÈME DE M. PROUDHON.

Si les systèmes de Fourier et de Cabet s'expliquent aisément par leur exposition même, celui de M. Proudhon n'offre pas une facilité si grande à l'observateur. Ce qui a fait principalement sa vogue, c'est son obscurité, rehaussée par le talent incontestable avec lequel il est présenté.

Il est difficile de prétendre qu'on ait bien saisi l'ensemble des doctrines de M. Proudhon ; car ses écrits fourmillent de contradictions incompréhensibles. Ainsi, dans un de ses ouvrages, il est dit que *La propriété c'est le vol !* Plus loin, que *Dieu n'existe pas !* Et, dans un autre, on est tout étonné de voir que le plus grand ennemi reconnu de la propriété se défend d'avoir jamais voulu l'attaquer ; enfin, dans une œuvre récente, remarquable par son originalité, M. Proudhon, d'athée qu'il était jusqu'ici, du moins le croyait-on, se rallie à la foi de ses pères, en prenant Dieu à témoin de sa sincérité. Dans la bouche d'un homme qui a nié formellement l'existence de la divinité, ce serment a lieu de paraître étrange.

De tous les démolisseurs de notre société, M. Proudhon est le plus audacieux, le plus redoutable.

Si, semblable aux phalanstériens et aux communistes, il se plaint des vices organiques de notre société, ses sophismes adroits professent un respect profond pour les faits accomplis. Écoutez-le ! il ne vient dépouiller personne de ce qui lui appartient en vertu de contrats, suspects à ses yeux, mais qu'il considère comme valables. Il accepte ce qui existe, afin de ne pas effrayer ses victimes ; mais que la société consente à se laisser régir par ses lois, et insensiblement elle sera bouleversée de fond en comble. Ce qu'il y a donc d'évident encore ici, c'est que M. Proudhon, aussi bien que Fourier et Cabet, désire changer notre organisation sociale, et lui substituer un ordre de choses irréprochable à son point de vue, et dont l'humanité n'aurait qu'à glorifier l'auteur.

Ainsi, si l'on peut se tromper sur la portée réelle de ses doctrines, il n'est pas permis d'en méconnaître le but final, but assez grave pour que l'on doive se tenir en garde contre lui.

Homme à vastes conceptions, M. Proudhon a senti que l'existence des sociétés modernes repose sur le crédit ; en effet, sans crédit, ce qui existe malheureusement aujourd'hui, les pays les plus riches et les plus florissants sont fatalement condamnés à une ruine certaine, et déchoient promptement du rang qu'ils occupent parmi les peuples.

« Le crédit est l'âme des nations, a dit M. Proudhon ; eh bien, en étudiant les règles sur lesquelles il repose à l'époque actuelle, et qui sont intimement liées à l'organisation de la société, je puis, procédant du connu à l'inconnu, innover des règles de crédit toutes différentes de celles qui existent, afin de les adapter à une nouvelle société ; de cette manière, mes réformes, toutes spéciales par la forme, et spécieuses par leur enchaînement avec les idées démocratiques, pourront être acceptées, sans qu'on s'aperçoive de leurs motifs cachés. Une fois mises en pratique, leur action déguisée se fera sentir irrésistiblement. »

Je le répète, si j'ai bien compris M. Proudhon, ce que je je ne puis assurer, voilà le système sur lequel il se fonde pour attaquer sournoisement nos institutions :

D'après le système de crédit en usage, le capital est libre de ses mouvements. C'est ce qui constitue la liberté de commerce, qui a porté à un si haut degré la puissance industrielle en ces temps-ci !

Eh bien, M. Proudhon est l'ennemi juré du capital. Il le regarde comme un despote faisant tout plier sous sa loi. Le capital attaqué, la fortune individuelle est mise en péril ; c'est à quoi M. Proudhon aspire par l'établissement de sa banque du peuple, à intérêt gratuit, au moyen de laquelle il prétend arriver à prêter sur la moralité et par l'échange des produits, au lieu de continuer à prêter sur des gages qui forment aujourd'hui la base principale du prêt. La gratuité de crédit est, d'ailleurs, une de ces idées incomprises, que je ne discuterai pas. J'ai voulu seulement indiquer la base d'un système qui déclare une guerre acharnée au capital.

Ces nouvelles institutions de crédit, présentées, plusieurs fois, à l'examen des commissions compétentes de l'Assemblée nationale, ont toujours été repoussées comme impraticables. Ces commissions sont venues déclarer à la tribune que, dans leur âme et conscience, elles ne comprenaient absolument rien aux théories extraordinaires développées devant elles, ajoutant que, si elles ne craignaient pas de porter un jugement téméraire, elles affirmeraient presque que M. Proudhon ne se comprend pas lui-même. Après une semblable appréciation, je n'ai plus qu'à me taire, n'ayant point la prétention d'être plus expert que les hommes composant les comités spéciaux de l'Assemblée nationale.

L'expérience et la pratique sont appelées à jeter un grand jour sur la valeur des banques de M. Proudhon. Il vient d'en fonder une de 5 millions, malgré son mépris pour le capital. C'est une contradiction de plus à ajouter aux contradictions déjà si nombreuses du grand réformateur. Lorsque les résultats auront fait comprendre ce que M. Proudhon a en vue en établissant cette banque, il sera possible d'en discuter le mérite. Jusque-là, tout commentaire deviendrait superflu, et passerait, avec raison, aux yeux des socialistes, pour du dénigrement. Attendons !... Qui vivra verra ! Si le socialisme est plus qu'un mot, je serai le premier à confesser mes torts et à m'incliner devant la lumière d'un fait palpable, tel que celui d'un établissement de crédit fonctionnant sur une large échelle; mais, jusqu'à ce moment, le doute m'est permis.

Tant que les socialistes se tiendront dans la limite de la légalité, qu'ils n'expérimenteront sur la société qu'individuellement, rien de mieux ! tout le monde n'a qu'à y gagner. La lumière se fait, et ce qui était confus devient clair. Le public impartial applaudira toujours quand un résultat sérieux sera obtenu. Mais ce qui ne peut s'admettre et ne sera jamais admis, c'est la prétention tyrannique qu'ils affichent d'imposer à la société leurs doctrines, avant que le mérite en ait été reconnu.

La prudence et la patience ne sont pas les vertus dominantes de messieurs les réformateurs. Lors même qu'il serait prouvé qu'ils ont raison, il me semble que la responsabilité effrayante de la tâche qu'ils se sont imposée devrait les rendre circonspects, et leur faire respecter des erreurs, si erreurs il y a, qui ont, du moins, pour elles, l'excuse d'avoir été subies sans trop de récriminations jusqu'à l'époque où nous vivons. La vérité finit par dessiller les yeux les moins clairvoyants. Si véritablement vos systèmes offrent une source de félicités à nulle autre pareille, l'humanité se les appropriera, mais en son temps, à son heure. Un malade ne se laisse pas guérir de force, car alors le remède serait pire que le mal. Nous vivons dans un pays libre; où serait la liberté, si le droit se voyait forcé de céder la place à l'arbitraire?

Il nous faut du calme, de la confiance dans les transactions. La nation, remuée jusque dans ses entrailles par cette agitation fébrile qui date d'une année, et qui ajourne sans cesse le retour des affaires, réclame à grands cris la tranquillité, et vous venez, sans pitié pour ses souffrances, l'effrayer de vos doctrines spoliatrices! L'amour du pays n'a donc jamais fait tressaillir votre cœur! La société vous crie : grâce! et vous lui répondez : meurs!!... Oh! votre folie est bien criminelle.

Au surplus, chez un peuple où le suffrage universel est établi, l'universalité des citoyens, dont l'Assemblée nationale est l'organe, a seule qualité pour changer la constitution organique de notre société. La forme politique n'est plus la même, il est vrai; mais il n'est venu à la pensée de qui que ce soit, sinon à celle des quelques membres de la minorité socialiste, que la société actuelle dût être bouleversée et remplacée par les systèmes de MM. Fourier, Cabet et Proudhon.

J'ai mis sous les yeux du lecteur un exposé succinct des trois écoles principales, connues sous le nom d'écoles socialistes. Je ne sais si j'ai réussi à les apprécier aussi fidèlement que je l'aurais voulu. Après tout, là n'est pas la question. Ce que je tenais à constater, c'est la différence profonde de leurs doctrines entre elles, différence qui fait de ces doctrines des systèmes presque opposés. Il ressort clairement des disputes intestines des chefs que l'infaillibilité de leurs théories est contestable, et que les philosophes de talent, qui sont venus défendre pied à pied les anciennes assises de la société contre les attaques suscitées seulement par un orgueil incommensurable, ont le droit de mépriser les injures dont ils deviennent l'objet. Ils sont assez récompensés de la persévérance qu'ils apportent dans une lutte dégénérant maintes fois pour eux en personnalités cruelles par la satisfaction intérieure d'avoir rempli un devoir, et par la reconnaissance que leur ont vouée les gens de bien.

CHAPITRE VI.

DES EFFETS DU SOCIALISME SUR LA RÉPUBLIQUE.

J'ai dit plus haut comment le socialisme se couvrit du manteau républicain, et comment, à l'aide de ce subterfuge, il arriva au pouvoir, en ayant soin, dès ce moment, de renier les doctrines du républicanisme dont il n'avait plus que faire, s'étant servi de lui comme moyen. Cette politique tortueuse eut pour premier résultat de fausser l'idée attachée à un mot, de façon qu'en se l'appropriant exclusivement d'une certaine manière, les socialistes mirent les républicains dans l'alternative, ou de pactiser avec des doctrines qu'ils repoussaient énergiquement, ou de rompre violemment avec des hommes qui corrompaient tout ce qu'ils touchaient. Une république aussi bien qu'une monarchie est tenue de se tenir dans les limites qui lui sont assignées. Les gouvernements, quels qu'ils soient, ne périssent jamais que par l'exagération de leurs principes. L'abus d'un mot, le droit divin, qui légitima aux yeux des rois les mesures les plus odieuses, fit tomber la première monarchie; l'abus d'un autre mot, le socialisme, causerait, non-seulement à la république, mais à la société même, un préjudice non moins grand.

Le socialisme exclusif et étrange de Fourier, Cabet et Proudhon a tellement dénaturé ce mot, que je crois utile d'entrer ici dans quelques détails sur sa signification réelle.

Depuis le 24 février, le socialisme est synonyme de système destructeur de ce qui est. Avant cette époque, vous vous seriez donné la dénomination de *socialiste* qu'on ne vous aurait pas compris, à moins que vous n'eussiez indiqué que ce mot implique une phrase elliptique, celle-ci : *partisan de réformes radicales à opérer dans la société.* On vous eût alors répondu que le socialisme n'est pas nouveau. Mais il y a socialisme et socialisme, nous en avons fait une triste expérience. L'abus gâte les meilleurs choses. En effet, les sociétés ne tendent-elles pas à s'améliorer graduellement et à répandre sur toutes les classes qui les composent indistinctement les bienfaits d'une civilisation s'étendant de jour en jour? Le socialisme, et j'entends par ce mot l'amélioration nécessaire et possible des lois régissant le corps social, n'est point l'œuvre d'une forme de gouvernement plutôt que d'une autre; sans cela l'humanité serait demeurée stationnaire, puisque la forme monarchique est celle qui a présidé le plus longtemps aux destinées des peuples.

Les questions sociales demandent à être traitées avec circonspection ; il faut bien se garder d'agiter les passions humaines, là où l'âme doit être dégagée de toute pensée hostile, et n'avoir pour but que de tenir la balance de la justice d'une main ferme et équitable. Où il y a politique, il y a lutte; où il y a lutte, il y a passion ; où il y a passion, il y a partialité. Le moment actuel serait bien mal choisi pour une liquidation de l'ancienne société.

Je maintiens, de nouveau, que la république n'est pas tenue d'être sociale, et qu'un changement de gouvernement, qui n'est que politique, n'implique pas une perturbation dans les assises de la société.

En monarchie, lorsqu'une réforme est réclamée, le roi, sous peine d'une révolution, est forcé de l'accorder; il sera donc socialiste, et, s'il comprend son rôle, il ira au-devant des améliorations que l'esprit du siècle lui signale.

Dans une république, le peuple gouvernant lui-même, et le suffrage universel étant le seul régulateur de ses vœux, les réformes sociales, lorsqu'il y en a, s'accomplissent naturellement, sans secousse; mais ces réformes s'enchaînent entre elles et ne brisent pas violemment un ordre de choses qui peut se modifier dans quelques-unes de ses parties, mais qui ne sera jamais changé complètement.

Que la république s'occupe avec sollicitude des questions graves soulevées par la misère d'une certaine partie de la population! C'est son devoir, et personne ne le lui conteste.

Le gouvernement républicain, étant le gouvernement de tous par tous, est le seul qui puisse avec succès guérir des souffrances qui l'affectent profondément. La sublime devise qui lui sert de symbole n'est pas un vain mot, et j'ai confiance dans le génie de la France, à qui il sera, sans doute, réservé encore de résoudre cette difficulté des temps modernes, *le paupérisme!*

Mais, sous la monarchie, cette question n'était-elle pas à l'étude? Oui vraiment; la monarchie était donc socialiste, aussi bien que la république? A quoi sert donc alors de déployer le drapeau d'une république sociale?

La république s'occupera, ainsi que les gouvernements qui l'ont devancée, des améliorations à apporter dans notre société; mais cette tâche n'entrera pas dans son programme politique, et ne portera que sur les questions jugées par le bon sens public. Vouloir forcer la main au pouvoir, c'est chercher à imposer au pays des doctrines qui ne sont que du domaine de la philosophie. Et, en général, la politique ne s'empare des faits philosophiques susceptibles d'attirer son attention que lorsque des discussions approfondies et longtemps controversées ont permis à la raison humaine, si sujette à erreur, d'asseoir sur eux un jugement définitif, qui permette de les considérer comme autant de vérités nouvelles rattachées à la longue série des conquêtes de l'esprit humain !

Ainsi, il me paraît démontré que le socialisme ne peut adopter un parti politique sans se faire accuser de chercher à introduire chez nous ses théories à l'ombre du drapeau sous lequel il les abrite subrepticement. Est-ce loyal ? Je ne le pense pas. Les masses qui ne raisonnent que superficiellement, et qui ne sont pas encore assez éclairées pour apprécier la portée des idées socialistes, se figurent être républicaines, quand elles ne sont que socialistes. Elles se laisseront attirer par la sensiblerie outrée de ces doctrines, jusqu'au moment où, désillusionnées et victimes d'une fraternité mensongère, existant seulement dans la bouche de leurs sauveurs, l'expérience leur fera rejeter les remèdes de ces empiriques. Retranchez du socialisme le bagage politique qu'ils se sont approprié, que reste-t-il ? des mots prétentieux, rien que des mots. Quant aux idées, vous en chercherez vainement l'ombre.

Le socialisme n'est pas le républicanisme, puisque les républicains repoussent le socialisme, et que les socialistes n'ont fondu leurs doctrines avec cette forme de gouvernement qu'en empruntant les principes républicains. Le socialisme, si je puis m'exprimer ainsi, est l'enfant maudit, dès sa naissance, par la république, indirectement la cause de son apparition dans le monde. Semblable aux fléaux qui portent avec eux le germe du génie du mal, le socialisme a fait plus contre la république que n'auraient pu faire contre elle les haines de toutes les aristocraties acharnées à sa perte. Cela devait être.

A la suite d'une révolution aussi pure d'excès que celle du 24 février, le pays, lassé de l'impuissance de ces royautés si coûteuses, et, en même temps, si stériles dans leurs résultats, accueillit avec confiance, avec espérance même, la nouvelle que la forme républicaine avait succédé à la forme monarchique. La plupart des membres du gouvernement provisoire étaient une garantie de modération, et la majorité de la nation, ralliée franchement, sans arrière pensée, à notre jeune république, prit la ferme résolution de la défendre contre les ennemis du dedans et du dehors. La France comprit, avec son merveilleux instinct, qu'à une époque où le règne de l'opinion a une influence absolue le gouvernement républicain, c'est-à-dire la volonté de tous s'exprimant par le suffrage universel, pouvait seul convenir. La volonté d'un seul, en résistant aux désirs de la nation, s'apprêtait à nous conduire au despotisme; on voulut inaugurer une ère nouvelle pour les peuples, le règne de la raison.

La France se livra avec enthousiasme au gouvernement républicain, dont les principes étaient connus; mais il fallut, pour son malheur, que le socialisme se montrât. Alors sa confiance se changea en méfiance. Témoin de la lutte violente qui se livra au sein même du gouvernement, entre les républicains et des hommes nouveaux par leurs doctrines, se déclarant républicains socialistes, la France apprit enfin qu'il y avait plusieurs républiques dans la république.

La prétention, hautement avouée des socialistes, de bouleverser la société acheva d'effrayer les populations paisibles de nos provinces. La méfiance rend susceptible, et la peur rend injuste. Sans tenir compte au gouvernement provisoire des dangers terribles qu'il conjurait par la seule puissance de la parole (Paris se trouvant, par le fait du départ des troupes, à la merci de l'ennemi combattu par le gouvernement avec un courage qui ne se démentit pas un instant), la province se plaignit avec amertume des charges que les nécessités de la situation faisaient peser sur elle. Elle rendit les hommes solidaires des périls courus par la société, et qui n'étaient que l'œuvre de cette même situation. Plus elle apparaissait grave, plus le pays, par un effort énergique, quoique douloureux, devait faire taire les questions de personnes, qui s'effacent devant un intérêt vital, comme celui de l'existence même de la société, que le gouvernement provisoire défendait, il ne faut point l'oublier.

Des fautes ont été commises, dit-on. Eh bien, soyez de bonne foi, critiques impitoyables; hommes des partis hostiles à la république, répondez : lorsque le gouvernement provisoire vous prenant sous son égide protectrice, et faisant appel de sa voix la plus généreuse aux nobles sentiments du peuple, ratifiait, d'un trait de plume, l'oubli du passé, cette conduite vous a-t-elle trouvés insensibles? L'ingratitude sera donc la seule récompense ici-bas des services rendus!... Puis, quand le socialisme, à l'appel de ses chefs, tenta de renverser ce même gouvernement, coupable à ses yeux de mettre une digue infranchissable à ses coupables projets de destruction, son attitude courageuse, qui força le socialisme à reculer la mise à exécution de ses noirs desseins, ne vous inspira-t-elle aucun respect? N'est-ce rien que d'avoir sauvé une première fois la civilisation, et d'avoir rassemblé les forces nécessaires à la lutte inévitable et suprême qui devait, une seconde fois, s'engager entre le socialisme et la société; lutte dont le succès dépendit, cela n'est point douteux, des éléments de résistance accumulés par les efforts, depuis février, du gouvernement provisoire, qui se préparait en silence à la cruelle nécessité de vaincre? A mes yeux, il est mesquin et misérable devant des services si incontestables, si éminents, de venir jeter à la face du gouvernement provisoire les méprises qu'il a pu commettre dans un moment de tourmente révolutionnaire, où l'esprit le plus fort ne mesurait qu'en tremblant la profondeur du précipice ouvert sous nos pas par le socialisme.

Mais les hommes, préocupés de leurs passions et de leurs intérêts, oublient le passé. On reproche le mal commis, il n'est pas parlé du mal qu'on a empêché de commettre; le danger évanoui n'émeut plus. Et la reconnaissance, a dit un moraliste, est tellement à charge à l'homme, qu'il la remplace souvent par la haine, tant l'amour-propre est humilié d'être forcé de reconnaître les services rendus.

Le pays, effrayé du socialisme, supporta avec peine une forme de gouvernement accusée d'encourager des doctrines, qu'elle ne cessait cependant de combattre.

La république sauva la civilisation au 24 juin, et elle fut rendue responsable du danger qu'un péril, qui n'était pas son ouvrage et qu'elle surmonta, avait fait courir à la société, et où vingt monarchies se seraient brisées.

Le gouvernement qui, grâce à la force qui lui fut communiquée par le concours de tous indistinctement, devint, à cette époque néfaste, le palladium de l'Europe entière, fut honni plus tard et voué aux attaques passionnées de ceux-là même qu'il avait sauvés! La réaction contre les républicains fut d'autant plus forte, qu'ils eurent à compter, non-seulement avec les partisans des régimes monarchiques, mais encore avec les socialistes, furieux de leur défaite et des rigueurs qu'avait forcé de déployer contre eux la grandeur même de leur forfait.

En février, les royalistes, anéantis par le coup qui venait de saper leur puissance, étaient restés, un instant, immobiles, et avaient fait acte d'adhésion forcée à la forme d'un gouvernement qu'ils craignaient. Leurs journaux portèrent aux nues le courage et la sagesse du gouvernement provisoire. Ces louanges intéressées n'étaient pas sincères. Lorsqu'ils virent le parti qu'ils pouvaient tirer de la séparation des républicains et des socialistes, ils changèrent subitement de langage, et eurent soin de représenter, avec un art diabolique, ces diverses nuances comme un seul parti divisé seulement par les hommes, non par le fond de la politique. Suivant l'ancienne tactique, qui leur a si bien réussi jusqu'ici, ils s'attaquèrent à l'honneur des personnes, et les traînèrent dans la boue, afin d'avoir plus facilement raison de leurs doctrines. Dénaturant les faits, et présentant la forme républicaine comme intimement liée aux doctrines socialistes, réprouvées hautement par les républicains, ils continuèrent de battre en brèche un gouvernement qu'ils haïssaient et qui n'apparaissait plus aux populations, folles de terreur, que sous cette image sinistre : destruction de la famille et de la propriété !

La calomnie poursuit toujours son chemin, et laisse des traces qu'on n'efface pas. Cette fois, entretenue avec adresse et rendue plus spécieuse encore par le langage des socialistes, elle alla partout criant que les républicains ne s'étaient séparés d'eux que par politique ; qu'ils avaient pactisé avec les abus qu'ils devaient détruire, afin de conserver le pouvoir, et beaucoup d'autres choses encore, qui donnèrent à réfléchir à bien des hommes de bonne foi. Ceux-ci, craignant de se tromper, se tournèrent contre les républicains; de peur qu'on les soupçonnât d'être socialistes. En haine des socialistes, certains ennemis jurés des royalistes pensèrent éviter un danger en s'alliant à leurs anciens adversaires; ils furent d'autant plus réactionnaires qu'ils étaient forcés d'expliquer leur apostasie. Et quelle raison meilleure et plus légitime, si elle était fondée, que celle de ne vouloir à aucun prix des doctrines socialistes, fussent-elles unies à la forme de gouvernement la plus parfaite? Ce que j'avance, est si vrai, que vous voyez, sous le nom de parti modéré, des hommes déposer leur individualité politique passée, et se réunir dans le but d'opposer une barrière aux idées que les honnêtes gens combattent tous. Si la forme républicaine était acceptée par ce parti franchement et sans arrière-pensée, il ne faudrait que louer ses intentions. Mais il est difficile de le supposer. Formé généralement de royalistes purs et de royalistes constitutionnels, il rêve le retour de la monarchie, et la question de la légitimité n'est écartée que pour donner plus de force à leurs attaques. Deux buts seraient atteints, dans leur pensée: renversement de la république, et avec elle anéantissement des idées socialistes. Sur ce point, les royalistes se trompent, la chute de la république n'implique pas la destruction du socialisme. C'est pourquoi je ne saurais trop répéter que les principes républicains sont étrangers aux principes socialistes. Le socialisme est ennemi de toute forme gouvernementale connue, puisqu'il tend à se substituer à celle même dont il prend le drapeau, qu'il a retourné, et qu'il veut changer de manière à le rendre méconnaissable.

Quand viendra le moment où cette tactique, qui consiste à vouloir paraître ce qu'on n'est pas, sera jugée par la France entière? Je ne sais. Espérons qu'il n'est pas loin, et que, le pays dégagé de ce souci, le socialisme, qui tarit ses ressources et l'empêche de redevenir lui-même, reprendra, avec le gouvernement qu'il s'est donné en février, l'essor pacifique qui le rend pour l'Europe un objet de convoitise et d'admiration.

Tant que le socialisme se dressera comme une menace contre la société, il sera impossible à un gouvernement, quel qu'il soit, de voir renaître la confiance et le crédit. Ne venons donc pas discuter la forme du gouvernement lorsque le fonds, la société, est mis en péril. J'aime la république ; j'aime encore plus la France. C'est parce qu'un pressentiment me dit que nous sommes en danger, que j'adjure tous les bons citoyens de laisser de côté ces distinctions, qui amèneraient une seconde révolution, au profit de qui ? Des socialistes, pour lesquels tout élément de désordre et d'anarchie est une espérance, et un prétexte de bataille qu'il importe d'éviter. La guerre civile entre les partis donnerait infailliblement le pouvoir aux socialistes, qui ne manqueraient pas de profiter de nos discordes pour abattre l'édifice social. Je sais que ce pouvoir ne serait qu'éphémère et que la France entière aurait bientôt raison de ces barbares ; mais quelles ruines laisseraient sur leur passage ces Attila de la civilisation !

CHAPITRE VII.

SUPPOSANT QUE LA MONARCHIE SUCCÈDE A LA RÉPUBLIQUE, POURRAIT-ELLE SE MAINTENIR EN FACE DU SOCIALISME ?

Si le socialisme est un danger pour une république, son influence destructive est-elle moindre pour une monarchie ? Je ne le crois pas. Une monarchie ne se soutient qu'à l'aide d'un arsenal complet de lois restrictives. Les principales sont celles qui empêchent la pensée de se faire jour. La liberté de penser et d'écrire a toujours été et sera toujours l'effroi de cette forme de gouvernement. Dans la crainte d'entendre les vérités cruelles qui attaquent l'injustice de ses principes de privilége, une monarchie se montrera de plus en plus arbitraire et arrivera infailliblement à la tyrannie. Elle aura des tribunaux destinés à juger les délits de presse, et une police chargée de découvrir les sociétés secrètes, conséquence inévitable de ses rigueurs contre la pensée, et dont l'existence la livre à un ennemi invisible et impitoyable, avide de profiter de ses fautes.

Sous ce régime, qu'arrive-t-il nécessairement? Les questions politiques étant limitées aux questions constitutionnelles, les questions plus graves, que j'appellerai questions sociales, ne peuvent se produire sans être poursuivies comme attentat à la société ; car, en monarchie, discuter ce qui est c'est attaquer les institutions. Alors, la discussion publique fait place à la discussion mystérieuse de la loge maçonnique ou de la vente du conjuré. Dans sa terreur, la monarchie voudrait qu'il fût en son pouvoir de condamner le genre humain à un mutisme éternel. Ce mutisme, que des flatteurs, quelquefois embarrassés de répondre aux scrupules du monarque, lui présentent comme le salut de son trône, devient, au contraire, entre les mains de ses ennemis l'arme la plus terrible. C'est l'épée de Damoclès suspendue sur sa tête, et dont il évite en vain l'atteinte redoutable.

Il est un fait reconnu et avéré, c'est que les sociétés secrètes, poursuivies avec acharnement sous tous les régimes, et condamnées à des peines rigoureuses, sont aussi ingénieuses à renaître de leurs cendres, lorsqu'elles sont découvertes, qu'habiles à se dissimuler aux regards d'un pouvoir ombrageux. L'acharnement mis à leur poursuite n'a jamais fait qu'augmenter le nombre de leurs prosélytes, et il en sera de même tant que l'intelligence de l'homme sera captive.

Voulez-vous restreindre sensiblement le nombre des sociétés secrètes ; car le mécontentement de quelque ambition déçue conservera longtemps encore ce noyau de sédition ? Eh bien, donnez à la presse une extension telle que l'esprit de l'homme, satisfait de trouver au grand jour les doctrines qu'il lui importe de connaître, n'éprouve plus cet attrait irrésistible, cette curiosité, avide de connaître ces formalités bizarres qui frappent l'imagination des faibles, et qui est le mobile le plus puissant sur l'esprit des personnes résolues à entrer dans une société secrète. Ce qui n'a été souvent que le fruit d'une démarche inconséquente, ou d'une idée irréfléchie, devient, par la suite, l'acte le plus grave de la vie d'un homme, par le serment qu'il prête. Engagé dans cette voie, il ne peut reculer sans encourir son propre mépris, et sans s'exposer à la vengeance de ses affiliés.

Dans une monarchie, il y a deux courants d'idées qui vont et viennent. Les premières sont celles qui, tolérées et réglées par la constitution, sont reconnues acceptables, après un contrôle minutieux. Elles circulent sous la garantie du gouvernement, et ne peuvent être commentées que dans le sens d'ordre et de conservation indiqué par lui. Il est loisible à quiconque désire faire sa cour au pouvoir de traiter ces grands problèmes ; il y est encouragé et même soutenu, s'il a du talent, le gouvernement ne négligeant jamais de recruter des apologistes de son système.

Les secondes sont celles qu'on traite de principes subversifs, et qui sont opposées aux doctrines du pouvoir.

Traduits devant les tribunaux et condamnés sans miséricorde, les écrivains courageux qui, de temps à autre, défendent les droits imprescriptibles de l'humanité, paient de leur fortune et souvent de leur liberté une conduite digne d'un meilleur sort. Les peines étant proportionnées aux délits, ceux qui élèvent la voix sont frappés sans pitié, lors même qu'ils l'élèvent modérément, plutôt afin de protester contre les entraves entourant la liberté de penser que dans le but d'attaquer le pouvoir.

Les discussions publiques, stéréotypées sur le même moule ne s'écartent jamais de la légalité, et la machine politique, fonctionnant dans la limite tracée par la constitution, le pouvoir s'endort dans une sécurité profonde. N'ayant point à réprimer les excès qu'il redoute, il croit n'avoir rien à craindre. Erreur !

Parmi les idées qui n'osent se montrer à la lumière, de peur des amendes et des cachots, il en est qu'il ne connaît pas, parce que ceux qui les possèdent ne les ont point communiquées ouvertement ; ou, s'il les connaît, il les connaît imparfaitement, et ne peut les combattre. On punit un délit, on ne punit pas une pensée. La discussion, qui seule pourrait anéantir ce danger dans son germe, n'étant point là pour arracher des malheureux aux trompeuses amorces d'une religion nouvelle, le pouvoir inquiet, mais se reposant sur son glaive du soin de sévir lorsqu'il y aura lieu, attend ce moment. Il ne s'inquiète pas s'il ne serait pas plutôt de son devoir de prévenir. Et l'erreur grandit de jour en jour en avançant dans l'ombre !

Toujours dans l'hypothèse que la monarchie succède à la république, les doctrines socialistes, expliquées par leurs docteurs, et vigoureusement attaquées jusqu'ici, seront classées, par la force des choses, dans la catégorie que je viens d'indiquer, celle qui échappe à l'action du pouvoir par son feint respect pour la loi extérieure, tandis qu'à l'ombre de réunions secrètes, elles saperont les bases de la société plus sûrement que lorsqu'il était permis aux journaux de répandre leurs théories. Si, avec les cent voix de la presse qui l'attaquent, le socialisme a pu faire des progrès aussi rapides et aussi inquiétants, que serait-ce, si l'intérêt qui s'attache à toute opinion persécutée venait se joindre à ses forces déjà réelles? Le pouvoir, satisfait d'avoir détruit les organes du socialisme, et prêt à sévir contre la moindre infraction à ce mutisme imposé aux opinions qui s'écartent de son programme, se bornera à donner des ordres sévères, afin que des poursuites soient dirigées contre ses sectaires, lorsqu'ils seront reconnus coupables d'affiliation à une société secrète, ou bien lorsqu'ils auront, en public, préconisé leurs doctrines, action rangée par le code monarchique parmi les attentats à la société.

Ces persécutions empêcheront le public d'entendre les prédications des socialistes, elles n'abattront pas leur énergie; surexcités par les obstacles de leur situation, ils deviendront plus dangereux par l'exaltation de leurs idées.

Sous la république, les socialistes, obligés de montrer à nu leurs sentiments, avouent hautement qu'ils en veulent à l'organisation même de la société. Sous une monarchie, les luttes politiques permettent de dissimuler leurs véritables penchants.

Encore plus ennemis de la monarchie que de la république, ils soutiendront ouvertement les partisans de cette dernière, et se feront passer pour républicains. Leur programme sera donc identique à celui de ceux-ci. Ils ne parleront pas de réformes sociales, ce sujet leur étant interdit, ils augmenteront seulement par leurs écrits le nombre des mécontents. Voilà, quant au rôle avoué et public. Il en est un autre qu'ils connaissent seuls, et qu'ils jouent dans leurs réunions secrètes. Personne n'y est admis que les intéressés ; aussi ne transpiret-il rien au dehors de ce qui s'y passe. Conspirateurs émérites, ils tiennent les fils de la sombre tragédie où ils veulent entraîner la société. Ils poussent au désordre, parce qu'ils savent que, lorsqu'une révolution éclate, ceux qui ont un but vers lequel ils marchent résolument sont presque toujours sûrs d'arriver. Dans leurs réunions, ils s'appellent socialistes et veulent transformer la société ; en public, ils sont républicains, et parlent le langage des républicains, les secondant dans leurs entreprises pour abattre la monarchie. Mais ils les surveillent de près et leur font tellement prendre le change sur leurs idées, que, si la république triomphe, ils sont portés au pouvoir avec ceux mêmes qui ont un intérêt majeur à les éloigner.

Actuellement nous connaissons le socialisme et le combattons au soleil. Qui nous l'a fait connaître ? la discussion libre d'un gouvernement républicain. Cette forme de gouvernement détruite et faisant place à une monarchie, le socialisme, qui occupe, en ce moment, l'attention de l'Europe entière, sera muet, comme par enchantement, et se conformera aux lois restrictives en usage sur la presse. N'existera-t-il plus ? Nullement. Son travail sera souterrain. Il minera la société, et la ravagera jusqu'à des profondeurs inconnues.

La misère, qui gagne de plus en plus les classes ouvrières, lui sera un auxiliaire puissant. Au milieu de ces masses innombrables, poussées parfois au désespoir, le socialisme avancera toujours ! toujours ! jusqu'au moment où il aura atteint les classes de la campagne, moins exposées à son influence pernicieuse. Alors la société gangrénée au cœur n'aura qu'à s'envelopper dans son linceul pour mourir ! Qui fait la force morale et physique d'une société ? la population agricole. Tant que cette partie, saine encore, reste pure des idées socialistes, l'issue de la lutte n'est point douteuse ; mais si, par malheur, ces doctrines arrivaient jusqu'à ce dernier rempart, il faudrait désespérer et n'attendre de secours que de Dieu seul.

Sous une monarchie, les sociétés secrètes étendraient leurs racines ; le socialisme règnerait sur une population immense, qui, à un temps donné, renverserait ce qui existe et chercherait à édifier une nouvelle société.

Puisque le socialisme est un danger qui se présente à tous les gouvernements, il reste à chercher quel est celui qui peut lui opposer une digue infranchissable. C'est ce qui fera le sujet de la deuxième partie de cette brochure.

Deuxième Partie.

CHAPITRE PREMIER.

QUELLE EST LA MEILLEURE FORME DE GOUVERNEMENT SUSCEPTIBLE DE COMBATTRE LE SOCIALISME ?

Le socialisme s'attaque à la société parce que, dans toute société, il y a des abus à détruire et des améliorations à créer. Il s'appuie sur des faits patents et en tire des conclusions fausses. Il veut réorganiser où il n'y a qu'à améliorer, ce qui est la mission naturelle de tout gouvernement à la hauteur des circonstances critiques où nous nous trouvons.

Le gouvernement le plus approprié aux besoins de tous, et qui, par sa nature, approche le plus des misères de la grande famille humaine, est, à mon sens, le plus digne de présider aux destinées des peuples. Sous ce gouvernement, les abus attaqués par le socialisme cesseront de plus en plus, et les améliorations possibles seront introduites progressivement ; d'où il résulte que le socialisme n'est à redouter que sous une forme de gouvernement où les abus se perpétuent et excitent l'irritation des populations qui, livrées à la misère, ne voient aucun terme à leurs souffrances. Sous un gouvernement paternel et animé d'une sollicitude éclairée, qui étend les bienfaits de sa tutelle sur les nécessiteux, les prétextes de révolte admis par les socialistes n'existent plus, et leurs prédications forcenées n'offrent aucun aliment aux ouvriers, satisfaits du travail que les soins du pouvoir leur facilitent.

Ainsi, qu'il soit démontré qu'une forme de gouvernement rend vaines les attaques du socialisme par l'imposante unanimité présidant à ses actes les moins importants, de telle sorte qu'attaquer l'un d'eux ce soit attaquer la nation elle-même, et il ne sera plus permis de la rendre complice des excès qu'elle a réprimés avec tant d'énergie. On sera bien forcé enfin de reconnaître que l'on peut être républicain sans être socialiste.

Enveloppant dans un même anathême la forme républicaine et le socialisme, les partisans de la monarchie n'ont rien négligé pour faire prévaloir aux yeux du public cette calomnie. Ils ont répété si souvent que les républicains étaient socialistes, et que la forme monarchique pouvait seule opposer une digue à leurs doctrines, que j'ai cru devoir prouver le contraire.

Je vais présenter un exposé des principes monarchiques, et un autre des principes républicains. Il sera facile de juger de quel côté le socialisme trouverait le plus formidable antagoniste, l'un s'appuyant sur la compression morale et physique, l'autre sur la discussion libre de ses doctrines, auxquelles il prête même un concours fraternel, en lui donnant les facilités de pratiquer ses théories ; ce qui ne peut que dessiller les yeux des personnes trompées et hâter l'instant où l'erreur vaincue partout n'a plus qu'à céder le terrain à l'évidence.

CHAPITRE II.

DE LA FORME MONARCHIQUE.

Il est entendu que dans cette description du gouvernement monarchique je veux parler de la monarchie pure, la monarchie constitutionnelle ayant été traitée au chapitre vii et n'étant qu'un emprunt fait à la démocratie, une conciliation impossible de ces deux principes hostiles, qui aboutit, dans un temps donné, à la démocratie pure, à la forme républicaine, tant il est vrai que, lorsqu'on adopte un principe, il faut fatalement en suivre les conséquences.

La monarchie constitutionnelle est la transition nécessaire de la forme monarchique à la forme républicaine. Elle façonne les peuples aux mœurs démocratiques; mais cette forme de gouvernement n'est point le dernier mot des systèmes politiques, ainsi que voudraient le faire entendre certains publicistes. Lorsqu'un peuple passe du gouvernement constitutionnel au gouvernement républicain, il accomplit ses destinées. Vouloir le faire reculer, c'est le livrer aux hasards des révolutions.

Le perfectionnement des institutions politiques n'a jamais lieu sans des secousses plus ou moins vives, qui agitent le pays, jusqu'au moment où il retrouve son assiette naturelle.

Le suffrage universel est la conquête du 24 février. Il ne vient à l'idée de personne de priver, dans l'avenir, la nation de ce puissant levier. Eh bien, c'est reconnaître implicitement que la forme républicaine est passée dans nos mœurs; car le suffrage universel c'est le gouvernement de tous par tous et pour tous, en un mot c'est la république. Vouloir appliquer à un autre gouvernement ce qui est la base d'un gouvernement qui lui est opposé, serait un non-sens funeste à la tranquillité du pays, tant qu'il n'aurait pas reconnu son erreur.

Je reviens à mon sujet interrompu par cette courte digression.

Le gouvernement monarchique est une forme essentiellement absorbante, dont la centralisation, érigée en moyen de gouvernement, rapporte tout à un centre unique, le roi, symbole de grandeur et de puissance; aussi l'entoure-t-on de splendeur, afin qu'éblouies et émerveillées, les populations le considèrent comme étant d'une essence différente de celle des autres hommes,

De l'ignorance des peuples et de leur superstition est venue cette origine divine à laquelle les rois, servis en cela par les prêtres, font remonter leur pouvoir. Couvrant leur insolent orgueil du manteau de la religion, ils considérèrent, dès lors, les peuples comme leur propriété. Ils les désignèrent sous le nom de *sujets*, et purent les soumettre impunément à leurs caprices et à leurs folies souvent sanglantes.

Forcés de s'appuyer sur une partie de la population pour asservir l'autre, ils consacrèrent l'inégalité des conditions; et la noblesse, chargée de défendre le trône, fut créée. Ce contrat passé avec le souverain lui coûta une portion de sa puissance, et il dépendit des défenseurs qu'il s'était donnés. Dans cette circonstance périlleuse, la fourberie vint à son secours, et il sut, en flattant les passions des uns et des autres, les contenir dans les limites nécessaires à son autorité. Dispensateur des faveurs, il aiguillonna par l'ambition ceux qu'il avait élevés et qu'il pouvait abaisser à son gré. L'intérêt commun qui lie des complices engagea, d'ailleurs, la noblesse à soutenir ce qui, à ses yeux, n'était qu'un principe de despotisme, dont elle avait une large part.

Dans une monarchie, il n'y a qu'une aspiration, celle de plaire au monarque. Du plus petit au plus grand, c'est à qui renchérira sur ses fantaisies. L'intérêt de l'État n'est rien. Un coup d'œil satisfait du maître est préférable aux services à rendre au pays. Aussi le métier de courtisan est-il plus envié que toute autre charge honorable.

Les talents, l'intelligence, la vanité, la médiocrité, la vertu ainsi que le vice, assiégent la cour ; et il faudrait vraiment que la créature décorée du titre de roi eût des qualités surhumaines pour n'être pas étourdie de l'encens qui brûle à ses pieds. La flatterie est une arme empoisonnée. Son venin subtil s'insinue peu à peu et corrompt les meilleures natures. L'amour-propre, ce secret sentiment qui nous fait regarder complaisamment nos œuvres les plus insignifiantes, imprime une circulation active à cette monnaie des cours. Être insensible aux louanges des courtisans est aussi impossible à un roi qu'il est impossible à un courtisan d'être désintéressé dans ses paroles astucieuses.

Seul juge de ses actions, le roi gouverne selon ses inspirations, et, fussent-elles excellentes, il n'est donné à aucune in-

telligence d'embrasser complètement, et d'une manière satis-
faisante, les immenses détails du gouvernement d'une nation,
s'astreignît-on à un travail opiniâtre et pénible, de tous les
instants. D'ailleurs, la vie entière d'un monarque n'est, qu'une
représentation théâtrale, où une étiquette minutieuse absorbe
son esprit ; et vous voulez qu'un homme accablé de tant de
fatigues soit l'arbitre suprême des destinées de tout un
peuple ?

Entouré sans cesse de ses favoris, il ne connaîtra jamais les
besoins des sujets qu'il gouverne. Les réclamations qu'on lui
adressera seront considérées par lui comme factieuses. Habi-
tué à entendre partout, sur son passage, l'approbation des
actes de son administration, il se révoltera contre une pensée
contraire, et punira ce qu'il regardera comme une offense à la
majesté royale.

La base du gouvernement monarchique est le privilége. Le
roi en use avec profusion, et attache à son char par des chaînes
dorées un peuple qui se jette avec avidité sur les largesses
qu'on lui distribue adroitement, et qui sont le prix de sa liberté.

Des millions, produit de la sueur du peuple, s'engloutissent
dans des familles où quelques honteux services rendus au souverain sont payés du prix qui devrait seulement être attribué à
l'honneur !

Le roi est l'arbitre de toute chose, ai-je dit. Il étend sa main
insatiable sur le revenu public, et ses sujets doivent, sans
murmurer, satisfaire son luxe effréné, ainsi que les dépenses
nécessitées par la clientèle des courtisans auxquels il sacrifie la
fortune du pays.

Mais, dans une monarchie, la classe des privilégiés devenant
de plus en plus nombreuse, se montre de plus en plus exi-
geante. Il faut compter avec elle, sans quoi la monarchie serait
gravement compromise.

Les abus sont inhérents à cette forme de gouvernement. Ils
s'accumulent de siècle en siècle, et finissent par soulever la
tempête des révolutions. Placé entre deux écueils, le danger de
perdre son trône en résistant aux exigences de ceux qu'il a

comblés de bienfaits, et la malédiction de ses sujets, dont il redoute le juste courroux, le souverain affronte le danger le plus éloigné, et aime mieux suivre les errements du passé que de rentrer dans une voie meilleure.

La forme monarchique est l'égoïsme appliqué au gouvernement. Le roi exige de ses sujets l'abnégation absolue de leurs sentiments. Sa volonté est sa loi, et, lorsqu'un de ses sujets lui a sacrifié sa vie, son honneur quelquefois et sa fortune, il ne trouve d'autre parole, pour récompenser un semblable dévouement, que celle-ci : « Il n'a fait que son devoir. » Si l'on considère les conséquences de cette attraction qui pousse vers le trône toutes les forces vitales d'une nation, on trouvera qu'elles sont désastreuses.

Dans une monarchie, l'initiative, ce mobile des peuples libres, n'existe pas ; le pays se meut comme un automate, sous la direction d'une main souvent inhabile. Livré à l'oppression des valets du maître et aux exactions des castes privilégiées, il gémit en silence, et l'habitude de la souffrance lui ôte jusqu'au sentiment de sa dignité. Avili et méprisé, il n'ose revendiquer un sort meilleur. Si la liberté élève l'homme et le rend susceptible d'héroïsme, l'esclavage l'abrutit et le fait déchoir graduellement du rang qu'il est appelé à occuper dans la création.

Afin d'empêcher le peuple de secouer le joug qui l'opprime, les rois emploient la force et l'ignorance. Ces deux moyens combinés les rassurent contre la révolte. La diplomatie, cette alliance des rois contre les nations, est venue à leur aide, sous le fallacieux prétexte de régler les intérêts généraux des peuples soumis à leurs lois, tandis qu'elle n'a pour but que de sauvegarder leurs couronnes.

Un immense réseau s'est alors étendu autour des populations, et la pensée a été refoulée et comprimée par des châtiments capables de glacer d'épouvante les courages assez téméraires pour enfreindre les lois du monarque. Elle a abandonné les hauteurs de la philosophie et de la politique qui lui étaient interdites, et s'est contentée de traiter humblement les questions secondaires de la littérature.

Il existe cependant des hommes d'un génie indépendant qui bravent les foudres d'un gouvernement soupçonneux, et qui, fiers des enseignements qu'ils veulent léguer à la postérité, abandonnent le pays qui les a vus naître. Proscrits et malheureux sur une rive étrangère, de leur retraite obscure, ils font trembler les puissants de la terre par l'éloquence passionnée de leurs pages empreintes de liberté. Ils appellent les peuples à l'indépendance et discutent froidement les titres en vertu desquels une minorité insolente s'adjuge la prépondérance sur des hommes qui lui sont égaux d'après la loi divine, ils enseignent enfin aux populations frémissantes qu'elles ont des droits et que les rois ont des devoirs. Voilà comment, en monarchie, l'humanité progresse.

Les rois effrayés s'empressent d'alléger les maux qui pèsent sur les peuples, et se font arracher, lambeaux par lambeaux, les réformes qu'ils voudraient, mais qu'ils ne peuvent refuser.

L'aveuglement des peuples a servi à l'élévation des rois. Ce n'est qu'en étayant leur despotisme sur les plus mauvaises passions qu'ils se sont soutenus. Le grand jour les tue, parce que leurs actes ne sont pas honorables. Un des rois les plus remarquables l'a dit avec raison : « *Qui nescit dissimulare, nescit regnare.* » Dire que la dissimulation est la base du gouvernement monarchique, c'est avouer que cette forme de gouvernement ne se maintient qu'au moyen d'une lutte incessante entre les mauvaises passions de l'homme. Aussi l'immoralité en est-elle la conséquence logique.

Qui ne sait que les cours ont été et seront toujours le refuge des vices qui, pour être couverts du manteau de l'élégance et du bon ton, n'en seront pas moins une honte indélébile attachée à ces tournois du scandale, où l'homme, livré à une dépravation effrayante, finit par ridiculiser même la vertu.

Faire appel aux appétits matériels de l'homme, telle est la politique des rois, et, dans ce chaos d'intérêts multiples qui se font une guerre acharnée, ils pensent avoir gouverné sagement lorsque la corruption a pourvu aux besoins pressants du moment. Ils ne savent pas qu'en déchaînant sur la société les turpitudes qui leur servent de moyens de gouvernement, ils attaquent le sens moral des populations, et les préparent à accueillir avec avidité les doctrines de convoitise surexcitées à la vue de cette simonie générale qui fait de la société un vaste bazar où chacun vient vendre sa conscience pour un écu.

Désireux d'étouffer jusqu'à la pensée d'un sort préférable parmi les peuples façonnés à l'oppression, mais chez lesquels une longue tyrannie a entretenu une haine sourde contre leurs tyrans, qui, si elle éclatait, la jetterait dans un grave péril, la monarchie, afin de se prémunir contre une semblable catastrophe, ne permet à aucun écrit de paraître sans, au préalable, avoir été soumis à un tribunal de censure. C'est dire que toute atteinte aux prérogatives royales et toute allusion à la politique sont punies rigoureusement. La publicité et la discussion démasqueraient les bassesses de cette forme de gouvernement, qui ne supporte aucun examen consciencieux, parce qu'elle s'appuie sur une prétention orgueilleuse et outrageante pour la nature humaine, l'infaillibilité d'un pouvoir émané de Dieu.

Tant que la religion a imprimé son caractère sacré sur une institution, et que l'on a réuni ce qui aurait toujours dû être séparé, l'esprit de l'homme, s'inclinant devant ses lois, dont il ne lui était pas permis de suspecter l'autorité, s'est arrêté dans ses appréciations.

La superstition, cette façon de penser imposée à l'homme, et dont il ne peut enfreindre les lois tracées à l'avance sans encourir les châtiments d'une caste astucieuse, ayant su se prévaloir de son caractère sacré pour s'emparer du pouvoir et le déléguer à ses créatures, ce qui explique l'union intime du pouvoir temporel et du pouvoir spirituel, union dont la force combinée est irrésistible et moule les générations sur un type qu'elles ne perdent que par des efforts héroïques, la superstition, dis-je, a arrêté l'esprit humain dans son cours et a créé à la civilisation des obstacles que la démocratie seule a pu renverser.

CHAPITRE III.

DE LA FORME RÉPUBLICAINE.

Autant, ainsi que je l'ai dit, la forme monarchique est absorbante et exclusive, autant la forme républicaine est rayonnante.

La monarchie isole le pouvoir entre ses mains ; la république le généralise, de façon que la nation gouvernée par la totalité de ses membres n'a d'autres limites à son autorité que celles qui lui sont prescrites par la morale et la raison, ce guide infaillible, régulateur impassible des erreurs qui peuvent être commises dans une société quelle qu'elle soit.

Le suffrage universel est la base du gouvernement républicain. En république, l'homme naît citoyen et peut être appelé par la seule recommandation de son talent aux plus hautes dignités. En monarchie, l'homme naît esclave, et son avenir dépend du caprice du maître. Il est heureux ou malheureux selon les qualités que le hasard a octroyées au souverain.

La république, c'est la raison, présidant aux destinées du monde !

Avec cette sublime institution, le suffrage universel, qui fait d'une société un peuple de frères, l'émulation et l'espoir d'attacher à son nom une auréole glorieuse décuplent les forces de chacun et inspirent les nobles actions et les nobles sentiments.

L'instruction, refusée sous la monarchie à la masse des citoyens, est, sous la république, son moyen de gouvernement le plus actif. Instruire les masses et les moraliser, voilà son travail de tous les instants, la tâche la plus méritante qui soit donnée à un gouvernement d'accomplir. En effet, avec l'instruction répandue dans le moindre hameau, la représentation nationale élue par la nation entière sera l'expression vraie et réfléchie du pays. Elle ne se trouvera composée que d'hommes éminents et pratiques que l'expérience aura mûris. Et que ne doit-on pas attendre d'une telle réunion de capacités, n'ayant qu'une pensée unique : mériter la confiance et l'amour de leurs concitoyens par des lois dispensatrices, équitables, destinées à porter le bien-être au milieu d'une population unie, et qui, loin de se diviser en classes ennemies, comme dans la monarchie, se prête, au contraire, sans cesse, un mutuel concours.

Le privilége, cette source odieuse d'iniquités, excitant des haines irréconciliables, est à jamais détruit. La république, en fait de privilége, ne reconnaît que celui du mérite. Celui-là ne sera contesté par personne.

Qui enrichit les États ? le génie industriel. Qui rend les nations resplendissantes de gloire ? les arts, les sciences. Honneur donc à ces natures d'élite qui font voguer l'humanité vers des destins meilleurs ! Qu'elles soient glorifiées, et que la nation qui les voit naître leur élève un piédestal au haut duquel chacun pourra les admirer. Qu'elles soient comme ces phares qui guident le navigateur dans des parages inconnus, et que leur sort envié devienne un aiguillon pour l'intelligence de l'homme, tendue désormais vers un but, la perfectibilité ou, du moins, l'amélioration graduelle et pacifique de ce qui existe.

La république n'admet que la capacité spéciale à chaque chose spéciale. L'emploi ne doit pas être pour l'homme, mais bien l'homme pour l'emploi. Cette règle invariable et constitutive, mise en pratique dans les administrations publiques, donne à chaque branche un ensemble et une harmonie que des études préparatoires et sévèrement contrôlées lui assurent.

Tout au plus capable ! avons-nous dit. Le concours ressort évidemment de cette amélioration démocratique, et ouvre à la capacité une carrière sans limites. L'intelligence mise en demeure de se déployer assurera, dans les travaux de la société les moins importants, une exécution parfaite, dont le corps social se ressentira par un accroissement de richesses.

L'État, sans cependant remplacer l'individualité de chacun et paralyser la liberté réclamée par le commerce, a le droit de surveiller le mouvement industriel, de le prévenir dans ses écarts, souvent funestes aux classes qui n'ont qu'un modique salaire, et que des entreprises mal conçues peuvent vouer à la plus profonde misère.

Il est tenu pareillement d'encourager et de patroner les mesures philantropiques qui ont pour but de venir en aide à la classe ouvrière.

Un gouvernement démocratique est paternel et réparateur. L'œil toujours ouvert sur les populations souffrantes, il doit s'appliquer, sans relâche, à alléger leurs maux et à provoquer les corps savants de la nation à rechercher les moyens de combler les inégalités sociales, autant néanmoins que la nature humaine le comporte, par des institutions qui permettent à l'activité de chacun de trouver un débouché presque certain. N'est-il pas déplorable de voir aujourd'hui l'encombrement des carrières, regorgeant de sujets sans occupation et qui ne demandent qu'à en trouver, la consommation n'étant point en rapport avec l'offre, c'est-à-dire qu'une carrière qui ne comporte qu'un certain nombre de personnes en absorbe un nombre plus considérable. Du classement raisonné et intelligent des diverses carrières ouvertes dans notre société dépend le bien-être des populations.

Jusqu'à présent, l'indifférence ou les circonstances guident la volonté de l'individu dans cette grave question : le choix d'une carrière. On agit en aveugle, sans savoir si la spécialité à laquelle on s'applique a besoin de notre concours. Il ne peut en être autrement lorsque tout est livré au hasard et à l'imprévu.

Un gouvernement démocratique doit étudier ces questions, connaître approximativement le dénombrement des employés des diverses professions, calculer ce que les besoins exigent, et faire connaître au public les carrières inexplorées et qui souffrent du manque de bras ; car, qu'on le sache, l'encombrement dans une a lieu aux dépens d'une autre, ce qui occasionne un malaise général.

Engager les populations à suivre les conseils de la prudence, tel est le devoir d'une république qui, semblable à une bonne mère, indique à ses enfants ce qu'ils doivent tenter et ce qu'ils doivent appréhender.

La monarchie redoute la liberté de la presse et l'étouffe ; la république l'appelle à son aide et s'appuie sur elle pour l'émancipation intellectuelle et morale de l'humanité. Chaque idée nouvelle passe au creuset de la discussion, affranchie de toute contrainte, et n'en sort que pour être classée parmi les découvertes favorables au développement de l'esprit humain, ou parmi les utopies à reléguer dans l'oubli ou l'attente.

Les opinions, quoique ennemies, combattues franchement et présentées au public, juge impartial de ces débats, appelé à prononcer en dernier ressort, n'ont plus aucun prétexte pour chercher le mystère, pour s'affranchir du respect dû à la loi et pour s'insurger contre une société qui, loin de les proscrire brutalement, lors même qu'elles l'attaqueraient, abandonne le soin de sa défense à cette liberté de penser qui fait sa force ; d'où il résulte que toute attaque aux principes constitutifs de la société trouve d'éloquents défenseurs, qui savent faire respecter ce qui a toujours été et sera toujours respectable.

La raison humaine développée par l'instruction fera, chaque fois qu'elle sera consultée, prompte justice des erreurs anti-sociales dans lesquelles tombent quelques rêveurs.

Cependant, il ne faut pas se dissimuler que, si elles étaient offertes à des peuples ignorants et crédules, la société courrait inévitablement de graves dangers. Le remède à apporter à cette situation, c'est la pratique loyale et sensée du gouvernement républicain.

Le suffrage universel, éclairé par l'instruction et la moralité successive des masses, ne laissera jamais, soyez-en persuadé, arriver au gouvernement de l'État les partisans de la destruction de notre société. Averti par les mille voix de la presse de la nullité de ces doctrines, et l'instinct de la conservation lui tenant lieu, en certains cas, de conviction, le pays tombera plutôt dans l'excès contraire. Son vote exprimera une expression momentanément hostile aux idées démocratiques.

Cette façon d'agir est inhérente à la nature humaine, qui ne sait jamais dans un péril suivre la route convenable. Les partis extrêmes perdent souvent les causes les moins désespérées. On croit se sauver du principe socialiste en reculant vers le principe monarchique, qui lui est le plus opposé. C'est lui donner encore plus de force.

Une nation libre ne doit jamais se livrer à ces paniques funestes à son indépendance. Le sangfroid est nécessaire lorsqu'on désire vaincre.

Au lieu de créer au socialisme une importance réelle par suite de mesures exceptionnelles et formidables dont il serait l'objet, et qui dénoteraient la crainte qu'il inspire, il faut, au contraire, entrer résolument dans la voie expérimentale.

La monarchie, au lieu de prévenir, réprime; la république a une mission moins rigoureuse.

Ce gouvernement n'a pas de distinction à faire entre les citoyens d'un même pays. Si, parmi eux, il en est qui, égarés par des idées fausses, veulent troubler la tranquillité publique, que le gouvernement cherche par ses conseils paternels à les ramener à la raison! Si l'erreur persiste et devient menaçante, qu'il expérimente ces théories! Les dépenses qui en résulteront ne seront point à regretter, puisqu'elles seront profitables aux malheureux qu'elles désillusionneront, et qu'elles épargneront au pays les douleurs d'une répression sanglante, qui ébranlerait la société jusque dans ses fondements.

Lorsque l'expérience de toute théorie dangereuse aura servi à éclairer les populations, la société ne sera pas inquiétée par les déclamations du premier illuminé venu, offrant au public ses doctrines régénératrices et humanitaires. Avec de grands mots, on attire la foule. Ces jongleurs d'une nouvelle espèce réfléchiraient alors avant d'exposer leurs théories au gouvernement, et la crainte des moqueries les rendraient circonspects et moins communicatifs.

Qui encourage la révolte à main armée et pousse les minorités à employer la force brutale, afin de faire prévaloir leurs idées? l'injustice et la prévention aveugle des majorités, qui abusent de leur puissance et méconnaissent leur propre intérêt. Au lieu de se montrer généreuses envers les minorités et de leur laisser le champ libre de la critique, elles s'irritent de leur opposition, frappent des coups d'État et préparent par là des luttes intestines cruelles !

Avec un gouvernement républicain, la discussion pacifique et entièrement libre des systèmes les plus opposés , ôte tout prétexte à ces batailles fratricides , retour malheureux et impie vers ces temps reculés où le jugement de Dieu , *le glaive opposé au glaive*, prononçait sur la justice d'une cause.

Quand viendra donc le temps où , la raison succédant enfin à la superstition et à l'arbitraire , l'humanité d'un siècle qui se dit policé ne sera plus attristée par des spectacles qui feraient douter de notre civilisation ?

Que la droiture et une réciprocité fraternelle , bases d'un bon gouvernement démocratique , soient observées désormais , et la guerre civile n'ensanglantera que rarement les cités. Cette rage de combats cessera ; les peuples pacifiés et heureux , plongeant leurs regards en arrière , s'étonneront et frémiront de douleur au récit de ces pages souillées de sang et d'horreur !

Les sociétés modernes sont travaillées par un esprit éminemment pacificateur, qui tend à s'éloigner, chaque jour, des errements de l'ancienne politique, politique de rapine et de meurtre, qui sacrifiait froidement des millions d'hommes au triste honneur de subjuguer des peuples.

La démocratie, par l'alliance désintéressée des nations entre elles , est destinée à ouvrir une ère nouvelle à l'humanité.

Deux principes rivaux sont actuellement en présence : le principe monarchique et le principe démocratique. Ennemis irréconciliables, ils s'observent avant d'en venir aux mains pour une dernière fois, et n'attendent qu'un signal pour engager une lutte suprême qui décidera des destinés du monde.

La liberté se réveille et se montre aux despotes épouvantés. Elle vaincra ; car Dieu n'abandonnera pas une cause si sainte ; mais au prix de quels sacrifices triomphera-t-elle ?

Pourquoi faut-il que chaque conquête de la civilisation sur la barbarie soit scellée du sang de quelques martyrs !

La pacification universelle, fondée sur la raison humaine , voilà le noble but de la démocratie ! Elle marche à pas de géant dans cette voie conciliatrice. Abandonnée à sa seule impulsion, elle se présente aux peuples, un rameau d'olivier à la main. Ah! si les rois, se courbant sous une nécessité fatale, suivaient l'exemple récent d'un monarque et reconnaissaient la folie criminelle qui les pousse à s'ensevelir sous les ruines de leurs capitales, plutôt que de céder leurs prérogatives surannées, cette abdication pleine d'humanité leur laisserait dans l'histoire une large part à la reconnaissance de la postérité, mais non le carnage! toujours le carnage! telle est leur réponse aux justes griefs de leurs sujets; voilà leurs adieux lorsqu'ils sont forcés de fuir, emportant dans l'exil l'exécration des populations qu'ils ont fait massacrer, uniquement pour satisfaire leurs vengeances royales et assouvir leurs fureurs!

Puisque des armées entières doivent être sacrifiées et arroser de leur sang généreux, en la fécondant, la terre promise de la liberté, que la Providence abrège ces expiations douloureuses et fasse descendre dans le cœur humain des sentiments plus généreux; qu'elle rappelle à chaque homme qu'il n'a pas été créé pour égorger son frère, mais bien pour l'aimer et le secourir!

CHAPITRE IV ET DERNIER.

CONCLUSION.

Les chapitres précédents ont fait connaître les tendances et les principes des gouvernements monarchique et démocratique; résumons-les en quelques mots.

Le gouvernement monarchique c'est la négation de la raison humaine, remplacée par la volonté arbitraire d'un seul.

Le gouvernement démocratique c'est l'appel aux lumières et aux capacités de tous, c'est celui où le pouvoir est la nation elle-même, juge dans sa propre cause, approuvant ou blâmant les actes de ses mandataires par le suffrage universel, et rectifiant ainsi, à volonté, les erreurs commises par eux.

Autant la monarchie enveloppe la société de ténèbres, autant la république s'efforce de les dissiper. L'une abaisse l'intelligence, l'autre la relève. Chez la première, on se dit tout à l'oreille, encore en tremblant; chez la seconde, il est permis de parler haut et de proclamer ce que l'on pense.

Eh bien ! n'est-il pas clair que, si l'on recherche maintenant quel est le gouvernement susceptible de combattre efficacement le socialisme, on reconnaîtra que la force républicaine est celle qui s'y prête le mieux ?

Un gouvernement monarchique étouffe la discussion et comprime la pensée; conséquemment, il interdira aux socialistes la publicité de leurs doctrines, soumises à une répression rigoureuse. Qu'en adviendra-t-il ? que le mal causé par elles ne sera point apparent et deviendra d'autant plus grand qu'on prendra soin de le cacher.

Les sociétés secrètes, ce ver rongeur des gouvernements despotiques, donneront asile aux adversaires de tout pouvoir constitué; et le gouvernement, ignorant ou feignant d'ignorer ce qu'il ne peut empêcher, sera à la merci de l'ennemi invisible et terrible qui n'attend que l'occasion et le moment favorable pour lui livrer bataille. La politique lui fournira ce prétexte; et lorsqu'il se sentira assez fort, et que les populations ouvrières, nourries de ses doctrines par une propagande habile, auront été excitées suffisamment contre l'ordre de choses existant, le gouvernement, et avec lui la société, seront condamnés à périr avant qu'ils aient pu conjurer un péril qu'ils ne soupçonnaient pas.

Le gouvernement républicain, au contraire, n'a pas à redouter un semblable danger.

Les sociétés secrètes, sans objet par suite de la liberté de penser et d'écrire, l'un des précieux avantages de la forme démocratique, sans être totalement détruites, ne donneront plus au pouvoir de sérieuses inquiétudes. S'il est attaqué, il le sera ouvertement, au grand jour.

Le socialisme, dira-t-on, fait des prosélytes à l'aide de ses journaux; mais, par cela même, ses théories jugées et débattues dans la presse auront le sort de toutes les idées nouvelles, et seront classées par le bon sens public suivant leur valeur.

De deux choses l'une, ou le socialisme est un système parfait, ou il est détestable. Dans le premier cas, avec un gouvernement démocratique, la nation, convaincue de l'excellence de ses principes, les mettra en pratique par la voie pacifique du suffrage universel; dans le second, elle les repoussera par le même moyen.

Ou bien encore, le socialisme, quoique chargé d'utopies, contient quelques vérités bonnes à être appliquées, et la république, toujours par le suffrage universel, se les appropriera.

Cette forme de gouvernement est donc la seule qui puisse résister avec énergie aux idées voulant s'imposer par la force brutale; car, puisque, d'après le droit commun, il est loisible au socialisme de convaincre et de persuader la majorité de la nation, toute infraction à cette loi doit être punie d'une manière exemplaire. Le pays tout entier saura faire respecter son autorité et châtier ce qui, en république, serait le plus grand des crimes.

Je m'arrête, car je pense avoir démontré que le républicanisme est l'antipode du socialisme.

En écrivant cette brochure, j'ai accompli un acte de conscience. Que chacun agisse dans ce sens, et notre beau pays n'aura rien à redouter, pas plus des ennemis du dedans que de ceux du dehors.

FIN.

TABLE DES MATIÈRES.

PREMIÈRE PARTIE.

DEUXIÈME PARTIE.